महादेवी वर्मा

पचास कविताएँ

नयी सदी के लिए चयन

सम्पादक

अनामिका

वाणी प्रकाशन

पहला संस्करण : 2012
दूसरा संस्करण : 2023

वाणी प्रकाशन
4695, 21-ए, दरियागंज, नयी दिल्ली 110 002
फ़ोन : +91 11 23273167 फ़ैक्स : +91 11 23275710
शाखाएँ
अशोक राजपथ, पटना 800 004, बिहार
कॉफ़ी हाउस कैम्पस, महात्मा गांधी मार्ग, इलाहाबाद 211 001, उत्तर प्रदेश
महात्मा गांधी अन्तरराष्ट्रीय हिन्दी विश्वविद्यालय, वर्धा 442 001, महाराष्ट्र
36/ए, शेक्सपीयर सरणी, रानी बिरला गर्ल्स कॉलेज के पास, कोलकाता 700 017, प. बंगाल
www.vaniprakashan.com
marketing@vaniprakashan.in
sales@vaniprakashan.in

Pachas Kavitayen
Nai Sadi Ke Liye Chayan
by Mahadevi Verma
Edited by Anamika

ISBN : 978-93-5000-897-3
Poetry Collection

मूल्य : ₹ 95

आर. टेक ऑफ़सेट प्रिंटर्स, दिल्ली-110 032 में मुद्रित

वाणी प्रकाशन का लोगो मक़बूल फ़िदा हुसेन की कूची से

क्रम

पंथ होने दो अपरिचित

पंथ होने दो अपरिचित प्राण रहने दो अकेला !

घेर ले छाया अमा बन,
आज कज्जल-अश्रुओं में रिमझिमा ले यह घिरा घन;

और होंगे नयन सूखे,
तिल बुझे औ' पलक रूखे,
आर्द्र चितवन में यहाँ
शत विद्युतों में दीप खेला !

अन्य होंगे चरण हारे,
और हैं जो लौटते, दे शूल को संकल्प सारे;

दुखव्रती निर्माण उन्मद,
यह अमरता नापते पद,
बाँध देंगे अंक-संसृति
से तिमिर में स्वर्ण बेला !

दूसरी होगी कहानी,
शून्य में जिसके मिटे स्वर, धूलि में खोई निशानी,

आज जिस पर प्रलय विस्मित,
मैं लगाती चल रही नित,
मोतियों की हाट औ'
चिनगारियों का एक मेला !

हास का मधु-दूत भेजो,
रोष की भ्रू-भंगिमा पतझार को चाहे सहे जो !

ले मिलेगा उर अचंचल,
वेदना-जल, स्वप्न-शतदल;
जान लो वह मिलन एकाकी
विरह में है दुकेला !

आज पिंजर खोल दो

कीर का प्रिय आज पिञ्जर खोल दो,

हो उठी हैं चञ्चु छूकर,
तीलियाँ भी वेणु सस्वर;

बंदिनी स्पंदित व्यथा ले,
सिहरता जड़ मौन पिञ्जर !

आज जड़ता में इसी की बोल दो !

जग पड़ा छू अश्रु-धारा,
हत परों का विभव सारा;

अब अलस बंदी युगों का—
ले उड़ेगा शिथिल कारा !

पंख पर वे सजल सपने तोल दो !

क्या तिमिर कैसी निशा है !
आज विदिशा ही दिशा है;

दूर-खग आ निकटता के
अमर बंधन में बसा है !

प्रलय-घन में आज राका घोल दो !

चपल पारद सा विकल तन,
सजल नीरद सा भरा मन,

नाप नीलाकाश ले जो
बेड़ियों का माप यह बन,

एक किरण अनंत दिन की मोल दो !

विरह का जलजात जीवन

विरह का जलजात जीवन, विरह का जलजात !

वेदना में जन्म करुणा में मिला आवास;
अश्रु चुनता दिवस इसका, अश्रु गिनती रात !
जीवन विरह का जलजात !

आँसुओं का कोष उर, दृग अश्रु की टकसाल;
तरल जल-कण से बने घन सा क्षणिक् मृदु गात !
जीवन विरह का जलजात !

अश्रु से मधुकण लुटाता आ यहाँ मधुमास;
अश्रु ही की हाट बन आती करुण बरसात !
जीवन विरह का जलजात !

काल इसकों दे गया पल-आँसुओं का हार;
पूछता इसकी कथा निश्वास ही में बात !
जीवन विरह का जलजात !

जो तुम्हारा हो सके लीलाकमल यह आज;
खिल उठे निरुपम तुम्हारी देख स्मित का प्रात !
जीवन विरह का जलजात !

बीन भी हूँ

बीन भी हूँ मैं तुम्हारी रागिनी भी हूँ !

नींद थी मेरी अचल निस्पंद कण कण में,
प्रथम जागृति थी जगत के प्रथम स्पन्दन में;
प्रलय में मेरा पता पदचिह्न जीवन में,
शाप हूँ जो बन गया वरदान बंधन में,
    कूल भी हूँ कूलहीन प्रवाहिनी भी हूँ।

नयन में जिसके जलद वह तृषित चातक हूँ
शलभ जिसके प्राण में वह निठुर दीपक हूँ
फूल को उर में छिपाए विकल बुलबुल हूँ
एक हो कर दूर तन से छाँह वह चल हूँ;
    दूर तुमसे हूँ अखण्ड सुहागिनी भी हूँ !

आग हूँ जिससे ढुलकते बिंदु हिमजल के,
शून्य हूँ जिसको बिछे हैं पाँवड़े पल के,
पुलक हूँ वह जो पला है कठिन प्रस्तर में;
हूँ वही प्रतिबिंब जो आधार के उर में;
    नील घन भी हूँ सुनहली दामिनी भी हूँ !

नाश भी हूँ मैं अनंत विकास का क्रम भी,
त्याग का दिन भी चरम आसक्ति का तम भी;
तार भी आघात भी झंकार की गति भी,
पात्र भी मधु भी मधुप भी मधुर विस्मृति भी;
अधर भी हूँ और स्मित की चाँदनी भी हूँ !

क्यों वह प्रिय आता पार नहीं ?

क्यों वह प्रिय आता पार नहीं ?

शिशु के दर्पण में देख देख,
मैंने सुलझाए तिमिर-केश;
गूँथे चुन तारक-पारिजात,
अवगुण्ठन कर किरणें अशेष;

क्यों आज रिझा पाया उसको,
मेरा अभिनव श्रृंगार नहीं ?

स्मित से कर फीके अधर अरुण,
गति के जावक से चरण लाल,
स्वप्नों से गीली पलक आँज,
सीमंत सजा ली अश्रु-माल;

स्पंदन मिस प्रतिपल भेज रही
क्या युग युग से मनुहार नहीं ?

मैं आज चुपा आई चातक,
मैं आज सुला आई कोकिल;

कण्टकित मौलश्री हरसिंगार,
रोके हैं अपने श्वास शिथिल !

सोया समीर, नीरव जग पर
स्मृतियों का भी मदु भार नहीं !

रूँधे है सिहरा सा दिगन्त,
सित पाटलदल से मृदु बादल;
उस पार रुका आलोक-यान,
इस पार प्राण का कोलाहल !

बेसुध निद्रा है आज बुने—
जाते श्वासों के तार नहीं !

दिन-रात पथिक थक गए लौट,
फिर गए मना कर निमिष हार;
पाथेय मुझे सुधि मधुर एक,
है विरह-पंथ सूना अपार !

फिर कौन कह रहा है सूना
अब तक मेरा अभिसार नहीं ?

शलभ मैं शापमय वर हूँ

शलभ मैं शापमय वर हूँ !
किसी का दीप निष्ठुर हूँ !

ताज हैं जलती शिखा
चिनगारियाँ श्रृंगारमाला;
ज्वाल अक्षय कोष सी
अंगार मेरी रंगशाला;

नाश में जीवित किसी की साध सुंदर हूँ !

नयन में रह किंतु जलती
पुतलियाँ आगार होंगी;
प्राण में कैसे बसाऊँ
कठिन अग्नि-समाधि होगी;

फिर कहाँ पालूँ तुझे मैं मृत्यु-मंदिर हूँ !

हो रहे झर कर दृगों से
अग्नि-कण भी क्षार शीतल;
पिघलते उर से निकल

निश्वास बनते धूम श्यामल;

एक ज्वाला के बिना मैं राख का घर हूँ !

कौन आया था न जाने
स्वप्न में मुझको जगाने;
याद में उन अँगुलियों की
हैं मुझे पर युग बिताने;

रात के उर में दिवस की चाह का शर हूँ !

शून्य मेरा जन्म था
अवसान है मुझको सवेरा;
प्राण आकुल के लिए
संगी मिला केवल अँधेरा;

मिलन का मत नाम ले मैं विरह में चिर हूँ !

मिटने का खेल

मैं अनंत पथ में लिखती जो
सस्मित सपनों की बातें,
उनको कभी न धो पाएँगी
अपने आँसू से रातें !

उड़ उड़कर जो धूल करेगी
मेघों का नभ में अभिषेक,
अमिट रहेगी उसके अंचल–
मेरी पीड़ा की रेख!

तारों में प्रतिबिंबित हो
मुस्काएँगी अनंत आँखें,
होकर सीमाहीन, शून्य में
मँडराएँगी अभिलाषें।

वीणा होगी मूक बजाने–
वाला होगा अंतर्धान,
विस्मृति के चरणों पर आकर
लोटेंगे सौ सौ निर्वाण !

जब असीम से हो जाएगा
मेरी लघु सीमा का मेल,
देखोगे तुम देव ! अमरता
खेलेगी मिटने का खेल !

संसार

निश्वासों का नीड़, निशा का
बन जाता जब शयनागार,
लुट जाते अभिराम छिन्न
मुक्तावलियों के बंदनवार

तब बुझते तारों के नीरव नयनों का यह हाहाकार,
आँसू से लिख जाता है 'कितना अस्थिर है संसार'।

हँस देता जब प्रात, सुनहरे
अञ्चल में बिखरा रोली,
लहरों की बिछलन पर जब
मचली पड़ती किरणें भोली,

तब कलियाँ चुपचाप उठाकर पल्लव के घूँघट सुकुमार,
छलकी पलकों से कहती है 'कितना मादक है संसार !'

देकर सौरभ दान पवन से
कहते जब मुरझाए फूल,
'जिसके पथ में बिछे वही
क्यों भरता इन आँखों में धूल?'

'अब इनमें क्या सार' मधुर जब गाती भौंरों की गुञ्जार
मर्मर का रोदन कहता है 'कितना निष्ठुर है संसार !'

स्वर्ण वर्ण से दिन लिख जाता
जब अपने जीवन की हार,
गोधूली, नभ के आँगन में
देती अगणित दीपक बार,

हँसकर तब उस पार तिमिर का कहता बढ़-बढ़ पारवार,
'बीते युग, पर बना हुआ है अब तक मतवाला संसार !'

स्वप्नलोक के फूलों से कर
अपने जीवन का निर्माण,
'अमर हमारा राज्य' सोचते
हैं जब मेरे पागल प्राण,

आकर तब अज्ञात देश से जाने किसकी मृदु झंकार,
गा जाती हैं करुण स्वरों में 'कितना पागल है संसार !'

अधिकार

वे मुस्काते फूल, नहीं–
जिनको आता है मुरझाना,
वे तारों के दीप, नहीं–
जिनको भाता है बुझ जाना;

वे नीलम के मेघ; नहीं–
जिनको है घुल जाने की चाह,
वह अनन्त ऋतुराज, नहीं–
जिसने देखी जाने की राह।

वे सूने से नयन; नहीं–
जिनमें बनते आँसू-मोती,
वह प्राणों की सेज, नहीं
जिसमें बेसुध पीड़ा सोती;

ऐसा तेरा लोक, वेदना
नहीं, नहीं जिसमें अवसाद,
जलना जाना नहीं, नहीं–
जिसने जाना मिटने का स्वाद !

क्या अमरों का लोक मिलेगा
तेरी करुणा का उपहार ?
रहने दो हे देव ! अरे
यह मेरा मिटने का अधिकार !

मेरा राज्य

रजनी ओढ़े जाती थी
झिलमिल तारों की जाली,
उसके बिखरे वैभव पर
जब रोती थी उजियाली;

शशि को छूने मचली सी
लहरी का कर कर चुम्बन,
बेसुध तम की छाया का
तटनी करती आलिंगन।

अपनी जब करुण कहानी
कह जाता है मलयानिल,
आँसू से भर जाता जब—
सूखा अवनी का अञ्चल;

पल्लव के डाल हिंडोले
सौरभ सोता कलियों में,
छिप छिप किरणें आतीं जब
मधु से सींची गलियों में।

आँखों में रात बिता जब
विधु ने पीला मुख फेरा
आया फिर चत्र बनाने
प्राची में प्रात चितेरा;

कन कन में जब छायी थी
वह नवयौवन की लाली,
मैं निर्धन तब आयी ले,
सपनों से भर कर डाली।

जिन चरणों की नख आभा–
ने हीरक जाल लजाए,
उन पर मैंने धुँधले से
आँसू दो चार चढ़ाए !

इन ललचाई पलकों पर
पहरा जब था ब्रीड़ा का,
साम्राज्य मुझे दे डाला
उस चितवन ने पीड़ा का ! !

उस सोने के सपने को
देखे कितने युग बीते !
आँखों के कोष हुए हैं
मोती बरसा कर रीते;

अपने इस सूनेपन की
मैं हूँ रानी मतवाली,
प्राणों का दीप जला कर
करती रहती दीवाली।

मेरी आहें सोती हैं
इन ओठों की ओटों में,
मेरा सर्वस्व छिपा है
इन दीवानी चोटों में !

चिंता क्या है, हे निर्मम !
बुझ जाए दीपक मेरा;
हो जाएगा तेरा ही
पीड़ा का राज्य अँधेरा !

समाधि के दीप से

जिन नयनों की विपुल नीलिमा
में मिलता नभ का आभास,
जिनका सीमित उर करता था
सीमाहीनों का उपहास;

जिस मानस में डूब गए—
कितनी करुणा कितने तूफान,
लोट रहा है आज धूल में
उन मतवालों का अभिमान;

जिन अधरों की मन्द हँसी थी
नव अरुणोदय का उपमान,
किया दैव ने जिन प्राणों का केवल
सुषमा से निर्माण;

तुहिनबिंदु सा, मंचु सुमन सा
जिनका जीवन था सुकुमार,
दिया उन्हें भी निठुर काल ने
पाषाणों का शयनागार !

कन कन में बिखरी सोती है
अब उनके जीवन की प्यास,
जगा न दे हे दीप ! कहीं
उसको तेरा यह क्षीण प्रकाश !

अभिमान

छाया की आँखमिचौनी
मेघों का मतवालापन,
रजनी के श्याम कपोलों
पर ढरकीले श्रम के कन;

फूलों की मीठी चितवन
नभ की ये दीपावलियाँ;
पीले मुख पर संध्या के
वे किरणों की फुलझड़ियाँ;

विधु की चाँदी की थाली
मादक मकरंद भरी सी;
जिस में उजियारी रातें
लुटतीं घुलतीं मिसरी सी !

भिक्षुक से फिर जाओगे
जब लेकर यह अपना धन,
करुणामय तब समझोगे
इन प्राणों का महँगापन !

क्यों आज दिए देते हो
अपना मरकत सिंहासन !

यह है मेरे मरु मानस-
का चमकीला सिकता-कन !

आलोक यहाँ लुटता है
बुझ जाते हैं तारागण,
अविराम जला करता है
पर मेरा दीपक सा मन !

जिसकी विशाल छाया में
जग बालक सा सोता है,
मेरी आँखों में वह दुःख
आँसू बन कर खोता है !

जग हँसकर कह देता है
मेरी आँखें हैं निर्धन,
इनके बरसाए मोती
क्या वह अब तक पाया गिन ?

मेरी लघुता पर आती जिस
दिव्य-लोक को ब्रीड़ा,
उसके प्राणों से पूछो
वे पाल सकेंगे पीड़ा ?

उनसे कैसे छोटा है
मेरा यह भिक्षुक जीवन ?
उनमें अनंत करुणा है
इसमें असीम सूनापन !

स्मृति

विस्मृति तिमिर में दीप हो
भवितव्य का उपहार हो;
बीते हुए का स्वप्न हो
मानव-हृदय का सार हो

तुम सांत्वना हो दैव की
तुम भाग्य का वरदान हो;
टूटी हुई झंकार हो
गतकाल की मुस्कान हो !

उस लोक का संदेश हो
इस लोक का इतिहास हो;
भूले हुए का चित्र हो
सोयी व्यथा का हास हो;

अस्थिर चपल संसार में
तुम हो प्रदर्शक संगिनी;
निस्सार मानस-कोष में
हो मञ्जु हीरक की कनी !

दुर्दैव ने उर पर हमारे
चित्र जो अंकित किए,
देकर सजीला रंग तुमने
सर्वदा रञ्जित किए;

तुम हो सुधाधारा सदा
सूखे हुए अनुराग को;
तुम जन्म देती हो सखी !
आसक्ति को वैराग्य को !

तेरे बिना संसार में
मानव-हृदय स्मशान है;
तेरे बिना हे संगिनी !
अनुराग का क्या मान है ?

नीरव भाषण

गिरा जब हो जाती है मौन
देख भावों का पारावार,
तोलते हैं जब बेसुध प्राण
शून्य से करुणकथा का भार;
मौन बन जाता आकर्षण
वहीं मिलता नीरव भाषण !

जहाँ बनता पतझार बसंत
जहाँ जागृति बनती उन्माद,
जहाँ मदिरा देती चैतन्य
भूलना बनता मीठी याद;
जहाँ मानस का मुग्ध मिलन
वहीं मिलता नीरव भाषण !

जहाँ विष देता है अमरत्व
जहाँ पीड़ा है प्यारी मीत,
अश्रु हैं नयनों का शृंगार
जहाँ ज्वाला बनती नवनीत;
मृत्यु बन जाती नवजीवन
वहीं रहता नीरव भाषण !

नहीं जिसमें अनंत विच्छेद
बुझा पाता जीवन की प्यास;
करुण नयनों का संचित मौन
सुनाता कुछ अतीत की बात;
प्रतीक्षा बन जाती अंजन
वहीं मिलता नीरव भाषण !

पहन कर जब आँसू के हार
मुस्कराती वे पुतली श्याम,
प्राण में तन्मयता का हास
माँगता है पीड़ा अविराम;
वेदना बनती संजीवन
वहीं मिलता नीरव भाषण !

जहाँ मिलता पंकज का प्यार
जहाँ नभ में रहता आराध्य,
ढाल देना प्राणों में प्राण
जहाँ होती जीवन की साध;
मौन बन जाता आवाहन
वहीं रहता नीरव भाषण !

जहाँ है भावों का विनिमय
जहाँ इच्छाओं का संयोग,
जहाँ सपनों में है अस्तित्व
कामनाओं में रहता योग;
महानिद्रा बनता जीवन
वहीं मिलता नीरव भाषण !

जहाँ आशा बनती नैराश्य
राग बन जाता है उच्छ्वास,
मधुर वीणा है अंतर्नाद
तिमिर में मिलता दिव्य प्रकाश,
हास बन जाता है रोदन
वहीं मिलता नीरव भाषण !

सुधि

किस सुधि-वसंत का सुमन-तीर,
कर गया मुग्ध मानस अधीर ?

वेदना-गगन से रजतओस,
चू चू भरती मन-कंज-कोष,

अलि सी मँडराती विरह-पीर !

मंजरित नवल मृदु देह-डाल,
खिल खिल उठता नव पुलक-जाल,

मधु-कन सा छलका नयन-नीर !

अधरों से झरता स्मित पराग,
प्राणों में गूँजा नेह-राग,

सुख का बहता मलयज समीर !
घुल-घुल जाता यह हिम-दुराव,
गा गा उठते चिर मूक भाव,

अलि सिहर सिहर उठता शरीर !

विनिमय

छिपाए थी कुहरे सी नींद,
काल का सीमा का विस्तार;
एकता में अपनी अनजान,
समाया था सारा संसार !

मुझे उसकी है धुँधली याद,
बैठ जिस सूनेपन के कूल;
मुझे तुमने दी जीवनबीन;
प्रेम-शतदल का मैंने फूल !

उसी का मधु से सिक्त पराग,
और पहला वह सौरभ-भार;
तुम्हारे छूते ही चुपचाप,
हो गया था जग में साकार !

—और तारों पर उँगली फेर,
छेड़ दी जो मैंने झंकार,
विश्व-प्रतिभा में उसने देव !
कर दिया जीवन का संचार।

हो गया मधु से सिंधु अगाध,
रेणु से वसुधा का अवतार;
हुआ सौरभ से नभ वपुमान,
और कंपन से बही बयार;

उसी में घड़ियाँ पल-अविराम,
पुलक से पाने लगे विकास;
दिवस रजनी तम और प्रकाश,
बन गए उसके श्वासोच्छ्वास !

उसे तुमने सिखलाया हास,
पिन्हाए मैं ने आँसू-हार;
दिया तुमने सुख का साम्राज्य,
वेदना का मैंने अधिकार !

वही कौतुक—रहस्य का खेल,
बन गया है असीम अज्ञात;
हो गई उसकी स्पंदन एक,
मुझे अब चकवी की चिर रात !

तुम्हारी चिर परिचित मुस्कान,
भ्रांत से कर जाती लघु प्राण;
तुम्हें प्रतिपल कण-कण में देख,
नहीं अब पाते हैं पहिचान !

कर रहा है जीवन सुकुमार,
उलझनों का निष्फल व्यापार;
पहेली की करते हैं सृष्टि,

आज प्रतिपल साँसों के तार !
विरह का तम हो गया अपार,
मुझे अब वह आदान प्रदान;
बन गया है देखो अभिशाप,
जिसे तुम कहते थे वरदान !

पपीहे के प्रति

जिसको अनुराग सा दान दिया,
उससे कण माँग लजाता नहीं;
अपनापन भूल समाधि लगा,
यह पी का विहाग भुलाता नहीं;
नभ देख पयोधर श्याम घिरा,
मिट क्यों उसमें मिल जाता नहीं ?
वह कौन सा पी है पपीहा तेरा;
जिसे बाँध हृदय में बसाता नहीं ?

उसको अपना करुणा से भरा,
उर-सागर क्यों दिखलाता नहीं ?
संयोग वियोग की घाटियों में,
नव नेह में बाँध झुलाता नहीं;
संताप के संचित आँसुओं से,
नहला के उसे तू धुलाता नहीं;
अपने तम-श्यामल पाहुन को,
पुतली की निशा में सुलाता नहीं !

कभी देख पतंग को जो दुख से
निज, दीपशिखा को रुलाता नहीं;

मिल ले उस मीन से जो जल की,
निठुराई विलाप में गाता नहीं;
कुछ सीख चकोर से जो चुगता
अंगार, किसी को सुनाता नहीं;
अब सीख ले मौन का मंत्र नया,
यह पी पी घनों को सुहाता नहीं।

अंत

विश्व-जीवन के उपसंहार !

तू जीवन में छिपा वेणु में ज्यों ज्वाला का वास,
तुझ में मिल जाना ही है जीवन का चरम विकास,
पतझर बन जग में कर जाता
नव वसंत संचार !

मधु में भीने फूल प्राण में भर मदिरा सी चाह,
देख रहे अविराम तुम्हारे हिम-अधरों की राह,
मुरझाने के मिस देते तुम
नव शैशव उपहार !

कलियों में सुरभित कर अपने मृदु आँसू अवदात,
तेरे मिलन-पंथ में गिन-गिन पग रखती है रात,
नवछबि पाने हो जाती मिट
तुझमें एकाकार !

क्षीण शिखा से तम में लिख बीती घड़ियों के नाम,
तेरे पथ में स्वर्णरेणु फैलाता दीप ललाम,
उज्ज्वलतम होता तुझसे ले
मिटने का अधिकार।

घुलनेवाले मेघ अमर जिनकी कण कण में प्यास,
जो स्मृति में है अमिट वही मिटनेवाला मधुमास—
तुझ बिन हो जाता जीवन का
सारा काव्य असार !

इस अंनत पथ में संसृति की साँसें करतीं लास,
जाती हैं असीम होने मिट कर असीम के पास,
कौन हमें पहुँचाता तुझ बिन
अंतहीन के पार ?

चिर यौवन पा सुषमा होती प्रतिमा सी अम्लान,
चाह चाह थक थक कर हो जाते प्रस्तर से प्राण,
सपना होता विश्व हासमय
आँसूमय सकुमार !

मृत्यु से

प्राणों के अंतिम पाहुन !

चाँदनी-धुला, अंजन सा, विद्युत् मुस्कान बिछाता,
सुरभित समीर-पंखों से उड़ जो नभ में घिर आता,
वह वारिद तुम आना बन !

ज्यों श्रांत पथिक पर रजनी छाया सी आ मुस्काती,
भारी पलकों में धीरे निद्रा का मधु ढुलकाती,
त्यों करना बेसुध जीवन !

अज्ञातलोक से छिप छिप ज्यों उतर रश्मियाँ आतीं;
मधु पीकर प्यास बुझाने फूलों के उर खुलवातीं,
छिप आना तुम छायातन !

हिम से जड़ नीला अपना निस्पंद हृदय ले आना,
मेरा जीवन-दीपक धर उसको सस्पंद बनाना,
हिम होने देना यह तन !

कितनी करुणाओं का मधु कितनी सुषमा की लाली,
पुतली में छान भरी है मैंने जीवन की प्याली,
पी कर लेना शीतल मन !

कितने युग बीत गए इन निधियों का करते संचय,
तुम थोड़े से आँसू दे इन सबको कर लेना क्रय,
अब हो व्यापार-विसर्जन !

है अंतहीत लय यह जग पल पल है मधुमय कंपन,
तुम इसकी स्वरलहरी में धोना अपने श्रम के कण,
मधु से भरना सूनापन !

पाहुन से आते जाते कितने सुख के दुख के दल,
ये जीवन के क्षण क्षण में भरने असीम कोलाहल,
तुम बन आना नीरव क्षण !

तेरी छाया में दिव को हँसता है गर्वीला जग,
तू एक अतिथि जिसका पथ हैं देख रहे अगणित दृग,
साँसों में घड़ियाँ गिन गिन !

प्रश्न

अश्रु ने सीमित कणों में बाँध ली,
क्या नहीं घन सी तिमिर सी वेदना ?
क्षुद्र तारों से पृथक् संसार में;
क्या कहीं अस्तित्व है झंकार का ?

यह क्षितिज को चूमनेवाला जलधि;
क्या नहीं नादान लहरों से बना ?
क्या नहीं लघु वारि-बूँदों में छिपी;
वारिदों की गहनता गंभीरता ?

विश्व में वह कौन सीमाहीन है ?
हो न जिसका खोज सीमा में मिला !
क्यों रहोगे क्षुद्र प्राणों में नहीं,
क्या तुम्हीं सर्वेश एक महान हो ?

समाधि से

बीते वसंत की चिर-समाधि !

जग-शतदल के नव खेल, खेल
कुछ कह रहस्य की करुण बात,
उड़ गई अश्रु-सा तुझे डाल
किसके जीवन से मिलन-रात ?

रहता जिसका अम्लान रंग–
तू मोती है या अश्रु-हार !

किस हृदय-कुञ्ज में मंद मंद
तू बहती थी बन नेह-धार ?
कर गई शीत की निठुर रात
छू कब तेरा जीवन तुषार ?

पाती न जगा क्यों मधु-बतास
हे हिम के चिर निस्पंद भार ?

जिस अमर काल का पथ अनंत
धोते रहते आँसू नवीन,

क्या गया वहीं पदचिह्न छोड़
छिपकर कोई दुःख पथिक दीन ?

जिसकी तुझमें है अमिट रेख
अस्थिर जीवन के करुण काव्य !

कब किसका सुख-सागर अथाह
हो गया विरह से व्यथित प्राण ?
तू उड़ी जहाँ से बन उसाँस
फिर हुई मेघ सी मूर्तिमान !

कर गया तुझे पाषाण कौन
दे चिर जीवन का निठुर शाप ?
किसने जाता मधुदिवस जान
ली छीन छाँह उसकी अधीर ?
रच दी उसको यह धवल सौध
ले साधों की रज नयन-नीर;

जिसका न अंत जिसमें न प्राण
हे सुधि के बंदीगृह अजान !

वे दृग जिनके नव नेहदीप
बुझकर न हुए निष्प्रभ मलीन,
वह उर जिसका अनुराग-कंज
मुँदकर न हुआ मधुहीन दीन,

वह सुषमा का चिर नीड़ गात
कैसे तू रख पाती सँभाल !

प्रिय के मानस में हो विलीन
फिर धड़क उठे जो मूक प्राण,
जिसने स्मृतियों में हो सजीव
देखा नवजीवन का विहान,

वह जिसको पतझर था वसंत
क्या तेरा पाहुन है समाधि ?

दिन बरसा अपनी स्वर्णरेणु
मैली करता जिसकी न सेज,
चौंका पाती जिसके न स्वप्न
निशि मोती के उपहार भेज,

क्या उसकी है निद्रा अंनत
जिसकी प्रहरी तू मूकप्राण ?

रूपसि तेरा धन-केश पाश!

रूपसि तेरा घन-केश-पाश !
श्यामल श्यामल कोमल कोमल,
लहराता सुरभित केश-पाश !

नभगंगा की रजतधार में,
धो आई क्या इन्हें रात ?

कंपित हैं तेरे सजल अंग,
सिहरा सा तन हे सद्यस्नात !

भीगी अलकों के छोरों से
चूतीं बूँदें कर विविध लास !
रूपसी तेरा घन-केश-पाश।

सौरभभीना झीना गीला
लिपटा मृदु अंजन सा दुकूल;

चल अंचल से झर झर झरते
पथ में जुगनू के स्वर्ण-फूल;

दीपक से देता बार बार
तेरा उज्ज्वल चितवन-विलास !
रूपसि तेरा घन-केश-पाश !

उच्छ्वसित वक्ष पर चंचल है
बक-पाँतों का अरविंद-हार;

तेरी निश्वासें छू भू को
बन बन जातीं मलयज बयार;

केकी-रव की नूपुर-ध्वनि सुन
जगती जगती की मूक प्यास !
रूपसि तेरा घन-केश-पाश !

इन स्निग्ध लटों से छा दे तन,
पुलकित अंकों में भर विशाल;

झुक सस्मित शीतल चुंबन से
अंकित कर इसका मृदुल भाल;

दुलरा दे ना बहला दे ना
यह तेरा शिशु जग है उदास !
रूपसि तेरा घन-केश-पाश !

तुम मुझ में प्रिय

तुम मुझ में प्रिय ! फिर परिचय क्या !

तारक में छबि प्राणों में स्मृति,
पलकों में नीरव पद की गति,
लघु उर में पुलकों की संसृति,

भर लाई हूँ तेरी चंचल
और करूँ जग में संचय क्या !

तेरा मुख सहास अरुणोदय,
परछाईं रजनी विषादमय
यह जागृति वह नींद स्वप्नमय,

खेल खेल थक थक सोने दो
मैं समझूँगी सृष्टि प्रलय क्या !

तेरा अधर-विचुंबित प्याला,
तेरी ही स्मित-मिश्रित हाला,
तेरा ही मानस मधुशाला,

फिर पूछूँ क्या मेरे साकी !
देते हो मधुमय विषमय क्या ?

रोम-रोम में नंदन पुलकित,
साँस साँस में जीवन शत शत,
स्वप्न स्वप्न में विश्व अपरिचित,

मुझ में नित बनते मिटते प्रिय !
स्वर्ग मुझे क्या, निष्क्रिय लय क्या ?

हारूँ तो खोऊँ अपनापन,
पाऊँ प्रियतम में निर्वासन,
जीत बनूँ तेरा ही बंधन,

भर लाऊँ सीपी में सागर
प्रिय ! मेरी अब हार विजय क्या ?

चित्रित तू मैं हूँ रेखा-क्रम,
मधुर राग तू मैं स्वर-संगम,
तू असीम मैं सीमा का भ्रम,

काया छाया में रहस्यमय !
प्रेयसि प्रियतम का अभिनय क्या ?

रे अभिमानी!

बताता जा रे अभिमानी !

कण कण उर्वर करते लोचन,
स्पंदन भर देता सूनापन,
जग का धन मेरा दुख निर्धन,
तेरे वैभव की भिक्षुक या
कहलाऊँ रानी !
बताता जा रे अभिमानी !

दीपक सा जलता अंतस्तल
संचित कर आँसू के बादल
लिपटा है इससे प्रलयानिल,
क्या यह दीप जलेगा तुझसे
भर हिम का पानी ?
बताता जा रे अभिमानी !

चाहा था तुझ में मिटना भर,
दे डाला बनना मिट मिट कर,
यह अभिशाप दिया है या वर,
पहली मिलन-कथा हूँ या मैं
चिर विरह कहानी !
बताता जा रे अभिमानी !

नाम रे कह!

प्राणपिक प्रिय—नाम रे कह !

मैं मिटी निस्सीम प्रिय में,
वह गया बँध लघु हृदय में;
अब विरह की रात को तू
चिर मिलन का प्रात रे कह !

दुख-अतिथि का धो चरणतल,
विश्व रसमय कर रहा जल;
यह नहीं क्रंदन हठीले !
सजल पावसमास रे कह !

ले गया जिसको लुभा दिन,
लौटती वह स्वप्न बन बन;
है न मेरी नींद, जागृति
का इसे उत्पात रे कह !

एक प्रिय-दृग-श्यामता सा,
दूसरा स्मित की विभा सा;
यह नहीं निशिदिन इन्हें

प्रिय का मधुर उपहार रे कह !

श्वास से स्पंदन रहे झर,
लोचनों से रिस रहा उर;
दान क्या प्रिय ने दिया
निर्वाण का वरदान रे कह !

चल क्षणों का क्षणिक संचय,
बालुका से बिंदु-परिचय;
कह न जीवन तू इसे
प्रिय का निठुर उपहार रे कह !

पथ से अनजान

दूर घर मैं पथ से अनजान !

मेरी ही चितवन से उमड़ा तम का पारावार;
मेरी आशा के नव अंकुर शूलों में साकार;
पुलिन सिकतामय मेरे प्राण !

मेरे निश्वासों से बहती रहती झंझावात;
आँसू में दिनरात प्रलय के घन करते उत्पात;
कसक में विद्युत् अंतर्धान !

मेरी ही प्रतिध्वनि करती पल पल मेरा उपहास;
मेरी पदध्वनि में होता नित औरों का आभास;
नहीं मुझसे मेरी पहचान !

दुख में जाग उठा अपनेपन का सोता संसार;
सुख में सोई री प्रिय-सुधि की अस्फुट सी झंकार;
हो गए सुख-दुख एक समान !

बिंदु बिंदु ढुलने से भरता उर में सिंधु महान;
तिल तिल मिटने से होता है चिर जीवन निर्माण;

न सुलझी यह उलझन नादान !

पल पल के झरने से बनता युग का अद्भुत हार;
श्वास श्वास खोकर जग करता नित दिव से व्यापार;
यही अभिशाप यही वरदान !

इस पथ का कण कण आकर्षण, तृण तृण में अपनाव;
उसमें मूक पहेली है पर इसमें अमिट दुराव;
हृदय को बंधन में अभिमान !

दूर घर मैं पथ से अनजान !

प्रिय ! सांध्य गगन

प्रिय ! सांध्य गगन,
मेरा जीवन !

यह क्षितिज बना धुँधला विराग,
नव अरुण अरुण मेरा सुहाग,
छाया सी काया वीतराग,
सुधि-भीने स्वप्न रंगीले घन !

साधों का आज सुनहलापन,
घिरता विषाद का तिमिर सघन,
संध्या का नभ से मूक मिलन–
यह अश्रुमती हँसती चितवन !

लाता भर श्वासों का समीर,
जग से स्मृतियों का गंध धीर,
सुरभित हैं जीवन-मृत्यु-तीर,
रोमों में पुलकित कैरव-वन !

अब आदि-अंत दोनों मिलते,
रजनी-दिन-परिणय से खिलते;

आँसू मिस हिम के कण ढुलते,
ध्रुव आज बना स्मृति का चल क्षण !

इच्छाओं के सोने से शर,
किरणों से द्रुत झीने सुंदर,
सूने असीम नभ में चुभकर–
बन बन आते नक्षत्र-सुमन !

घर आज चले सुख-दुःख विहग,
तम पोंछ रहा मेरा अग जग,
छिप आज चला वह चित्रित मग,
उतरो अब पलकों में पाहुन !

मैं सजग चिर साधना ले

मैं सजग चिर साधना ले !

सजग प्रहरी से निरंतर,
जागते अलि रोम निर्भर;
निमिष के बुद्बुद् मिटाकर,
एक रस है समय-सागर !

हो गई आराध्यमय मैं विरह की आराधना ले !

मूँद पलकों में अचञ्चल,
नयन का जादूभरा तिल,
दे रही हूँ अलख अविकल–
को सजीला रूप तिल तिल !

आज वर दो मुक्ति आवे बंधनों की कामना ले !

विरह का युग आज दीखा,
मिलन के लघु पल सरीखा;
दुःख सुख में कौन तीखा,
मैं न जानी औ' न सीखा !

मधुर मुझको हो गए सब मधुर प्रिय की भावना ले !

यह सुख-दुखमय राग

यह सुख दुखमय राग
बजा जाते हो क्यों अलबेले ?

चितवन से रेखा अंकित कर,
रागमयी स्मित से नव रंग भर,
अश्रुकणों से धोते हो क्यों
फिर वे चित्र रंगे, ले ?

श्वासों से पलकें स्पंदित कर,
स्वप्नों से स्मृतियाँ जाग्रत कर,
पद-ध्वनि से बेसुध करते क्यों
यह जागृति के मेले ?

रोमों में भर आकुल कंपन,
मुस्कानों में दुख की सिहरन,
जीवन को चिर प्यास पिलाकर
क्यों तुम निष्ठुर खेले ?

कण कण में रच अभिनव बंधन,
क्षण-क्षण को कर भ्रममय उलझन,
पथ में बिखरा शूल
बुला जाते क्यों दूर अकेले ?

मैं नीरभरी दुख की बदली

मैं नीरभरी दुख की बदली !

स्पंदन में चिर निस्पंद बसा,
क्रंदन में आहत विश्व हँसा,
नयनों में दीपक से जलते
पलकों में निर्झरिणी मचली !

मेरा पग पग संगीतभरा,
श्वासों से स्वप्न-पराग झरा,
नभ के नव रंग बुनते दुकूल,
छाया में मलय-बयार पली !

मैं क्षितिज-भृकुटि पर घिर धूमिल,
चिंता का भार बनी अविरल,
रज-कण पर जल-कण हो बरसी
नवजीवन-अंकुर बन निकली !

पथ को न मलिन करता आना,
पद-चिह्न न दे जाता जाना,
सुधि मेरे आगम की जग में

सुख की सिहरन हो अंत खिली !

विस्तृत नभ का कोई कोना,
मेरा न कभी अपना होना,
परिचय इतना इतिहास यही
उमड़ी कल थी मिट आज चली !

सो रहा है विश्व

सो रहा है विश्व, पर प्रिय तारकों में जागता है !
नियति बन कुशली चितेरा–
रँग गई सुखदुख रंगों से
मृदुल जीवन-पात्र मेरा !

स्नेह की देती सुधा भर अश्रु खारे माँगता है !
धूपछाहीं विरह-वेला,
विश्व-कोलाहल बना वह
ढूँढ़ती जिसको अकेला;

छाँह दृग पहचानते पद-चाप यह उर जानता है !
रंगमय है देव दूरी !
छू तुम्हें रह जाएगी यह
चित्रमय क्रीड़ा अधूरी !

दूर रह कर खेलना पर मन न मेरा मानता है !
वह सुनहला हास तेरा–
अंकभर घनसार सा
उड़ जाएगा अस्तित्व मेरा !

मूँद पलकें रात करती जब हृदय हठ ठानता है !
　　मेघरूँधा अजिर गीला—
　　टूटता सा इंदु-कंदुक
　　　　रवि झुलसता लोल पीला !

यह खिलौने और यह उर ! प्रिय नई असमानता है !

झिलमिलाती रात मेरी

झिलमिलाती रात मेरी !

साँझ के अंतिम सुनहले
हास सी चुपचाप आकर,
मूक चितवन की विभा—
तेरी अचानक छू गई भर;

बन गई दीपावली तब आँसुओं की पाँत मेरी।

अश्रु घन के बन रहे स्मित
सुप्त वसुधा के अधर पर,
कंज में साकार होते
वीचियों के स्वप्न सुंदर;

मुस्करा दी दामिनी में साँवली बरसात मेरी !

क्यों इसे अंबर न निज
सूने हृदय में आज भर ले ?
क्यों न यह जड़ में पुलक का,
प्राण का सञ्चार कर ले ?

है तुम्हारी श्वास के मधु-भार-मंथर वात मेरी !

फिर विकल हैं प्राण मेरे

फिर विकल हैं प्राण मेरे !

तोड़ दो यह क्षितिज मैं भी देख लूँ उस ओर क्या है !
जा रहे जिस पंथ से युग कल्प उसका छोर क्या है ?

क्यों मुझे प्राचीर बन कर
आज मेरे श्वास घेरे ?

सिंधु की निःसीमता पर लघु लहर का लास कैसा !
दीप लघु शिर पर धरे आलोक का आकाश कैसा !

दे रही मेरी चिरंतनता
क्षणों के साथ फेरे !

बिंबग्राहकता कणों को शलभ को चिर साधना दी,
पुलक से नभ भर धरा को कल्पनामय वेदना दी;

मत कहो हे विश्व ! 'झूठे
हैं अतुल वरदान तेरे' !

नभ डुबा पाया न अपनी बाढ़ में भी क्षुद्र तारे,
ढूँढ़ने करुणा मृदुल घन चीर कर तूफान हारे,

अंत के तम में बुझें क्यों
आदि के अरमान मेरे !

चिर सजग आँखें

चिर सजग आँखें उनींदी आज कैसा व्यस्त बाना !
जाग तुझको दूर जाना !

अचल हिमगिरि के हृदय में आज चाहे कंप हो ले,
या प्रलय के आँसुओं में मौन अलसित व्योम रो ले;

आज पी आलोक को डोले तिमिर की घोर छाया,
जागकर विद्युत्-शिखाओं में निठुर तूफान बोले !

पर तुझे है नाश-पथ पर चिह्न अपने छोड़ आना !
जाग तुझको दूर जाना !

बाँध लेंगे क्या तुझे यह मोम के बंधन सजीले ?
पंथ की बाधा बनेंगे तितलियों के पर रँगीले ?

विश्व का क्रंदन भुला देगी मधुप की मधुर गुनगुन,
क्या डुबा देंगे तुझे यह फूल के दल ओस-गीले ?

तू न अपनी छाँह को अपने लिए कारा बनाना !
जाग तुझको दूर जाना !

वज्र का उर एक छोटे अश्रु-कण में धो गलाया,
दे किसे जीवन सुधा दो घूँट मदिरा माँग लाया ?

सो गई आँधी मलय की वात का उपधान ले क्या ?
विश्व का अभिशाप क्या चिर नींद बनकर पास आया ?

अमरता-सुत चाहता क्यों मृत्यु को उर में बसाना ?
जाग तुझको दूर जाना !

कह न ठंढी साँस में अब भूल वह जलती कहानी,
आग हो उर में तभी दृग में सजेगा आज पानी;

हार भी तेरी बनेगी मानिनी जय की पताका,
राख क्षणिक पतंग की है अमर दीपक की निशानी !

है तुझे अंगार-शय्या पर मृदुल कलियाँ बिछाना !
जाग तुझको दूर जाना !

प्रिय चिरन्तन है सजनि

प्रिय चिरंतन है सजनि
क्षण क्षण नवीन सुहागिनी मैं !

श्वास में मुझको छिपा कर वह असीम विशाल चिर घन,
शून्य में जब छा गया उसकी सजीली साध सा बन,

छिप कहाँ उसमें सकी
बुझ बुझ जली चल दामिनी मैं !

छाँह को उसकी सजनि नव आवरण अपना बनाकर,
धूलि में निज अश्रु बोने में पहर सूने बिताकर,

प्रात में हँस छिप गई
ले छलकते दृग यामिनी मैं !

मिलन-मंदिर में उठा दूँ जो सुमुख से सजल 'गुण्ठन,'
मैं मिटूँ प्रिय में मिटा ज्यों तप्त सिकता में सलिल-कण,

सजनि मधुर निजत्व दे
कैसे मिलूँ अभिमानिनी मैं !

दीप सी युग युग जलूँ पर वह सुभग इतना बता दे,
फूँक से उसकी बुझूँ तब क्षार ही मेरा पता दे !

बह रहे आराध्य चिन्मय
मृण्मयी अनुरागिनी मैं !

सजल सीमित पुतलियाँ पर चित्र अमिट असीम का वह,
चाह एक अनंत बसती प्राण किंतु समीम सा यह,

रज-कणों में खेलती किस
विरज विधु की चाँदनी मैं ?

ओ चिर नीरव !

ओ चिर नीरव !

मैं सरित विकल,
तेरी समाधि की सिद्धि अकल,
चिर निद्रा में सपने का पल,
ले चली लास में लय-गौरव !

मैं अश्रु-तरल,
तेरे ही प्राणों की हलचल,
पा तेरी साधों का संबल,
मैं फूट पड़ी ले स्वर-वैभव !

मैं सुधि-नर्तन,
पथ बना, उठे जिस ओर चरण,
दिश रचता जाता नूपुर-स्वन,
जगता जर्जर जग का शैशव !

मैं पुलकाकुल,
पल पल जाती रस-गागर ढुल,
प्रस्तर के जाते बंधन खुल,

लुट रही व्यथा-निधियाँ नव-नव !

मैं चिर चंचल,
मुझसे है तट-रेखा अविचल,
तट पर रूपों का कोलाहल,
रस-रंग-सुमन-तृण-कण-पल्लव !

मैं ऊर्म्मि विरल,
तू तुंग अचल, वह सिंधु अतल,
बाँधे दोनों को मैं चल चल,
धो रही द्वैत के सौ कैतव !

मैं गति विह्वल,
पाथेय रहे तेरा दृग-जल,
आवास मिले भू का अंचल,
मैं करुणा की वाहक अभिनव !

हुए शूल अक्षत

हुए शूल अक्षत मुझे धूलि चंदन !

अगरु धूम-सी साँस सुधि-गंध-सुरभित,
बनी स्नेह-लौ आरती चिर अकंपित;
हुआ नयन का नीर अभिषेक-जल-कण !

सुनहले सजीले रंगीले, धबीले,
हसित कंटकित अश्रु-मकरंद-गीले,
बिखरते रहे स्वप्न के फूल अनगिन !

असित-श्वेत गंधर्व जो सृष्टि लय के,
दृगों को पुरातन, अपरिचित हृदय के,
सजग यह पुजारी मिले रात औ' दिन !

परिधिहीन रंगों भरा व्योम-मंदिर,
चरण-पीठ भू का व्यथा-सिक्त मृदु उर,
ध्वनित सिंधु में है रजत-शंख का स्वन !

कहो मत प्रलय द्वार पर रोक लेगा,
वरद मैं मुझे कौन वरदान देगा ?

हुआ कब सुरभि के लिए फूल बंधन ?

व्यथाप्राण हूँ नित्य सुख का पता मैं,
धुला ज्वाल से मोम का देवता मैं,
सृजन-श्वास हो क्यों गिनूँ नाश के क्षण !

आज तार मिला चुकी हूँ

आज तार मिला चुकी हूँ !

सुमन में संकेत-लिपि
चंचल विहग स्वर-ग्राम जिसके,
वात उठता, किरण के
निर्झर झुके, लय-भार जिसके,
वह अनामा रागिनी अब साँस में ठहरा चुकी हूँ !

सिंधु चलता मेघ पर,
रुकता तड़ित् का कंठ गीला,
कंटकित सुख से धरा,
जिसकी व्यथा से व्योम नीला,
एक स्वर में विश्व की दोहरी कथा कहला चुकी हूँ !

एक ही उर में पले
पथ एक से दोनों चले हैं;
पलक पुलिनों पर, अधर-
उपकूल पर दोनों खिले हैं,
एक ही झंकार में युग अश्रु-हास घुला चुकी हूँ !

रंग-रस-संसृति समेटे,
रात लौटी, प्रात लौटे;
लौटते युग कल्प पल,
पतझार औ' मधुमास लौटे;
राग में अपने कहो किसको न पार बुला चुकी हूँ !

निष्करुण जो हँस रहे थे
तारकों में दूर ऐंठे;
स्वप्न-नभ के आज
पानी हो तृणों के साथ बैठे,
पर न मैं अब तक व्यथा का छंद अंतिम गा चुकी हूँ।

कहाँ से आए बादल काले

कहाँ से आए बादल काले ?
कजरारे मतवाले !

शूल भरा जग, धूल भरा नभ,
झूलसीं देख दिशाएँ निष्प्रभ,
सागर में क्या सो न सके यह
करुणा के रखवाले ?

आँसू का तन, विद्युत का मन,
प्राणों में वरदानों का प्रण,
धीर पदों से छोड़ चले घर,
दुख-पाथेय सँभाले !

नाँघ क्षितिज की अंतिम दहली,
भेंट ज्वाल की वेला पहली,
जलते पथ को स्नेह पिला
पग पग पर दीपक बाल !

गर्जन में मधु-लय भर बोले,
झंझा पर निधियाँ धर डोले,

आँसू बन उतरे तृण-कण ने
मुस्कानों में पाले !

नामों में बाँधे सब सपने,
रूपों में भर स्पंदन अपने,
रंगों के ताने बाने में
बीते क्षण बुन डाले !

वह जड़ता हीरों से डाली,
यह भरती मोती से थाली,
नभ कहता नयनों में बस
रज कहती प्राण समा ले !

यह सपने सुकुमार

यह सपने सुकुमार तुम्हारी स्मित से उजले !

छूकर मेरे सजल दृगों की मधुर कहानी,
इनका हर कण हुआ अमर करुणा वरदानी,
उड़े तृणों की बात तारकों से कहने यह
चुन प्रभात के गीत, साँझ के रंग सजल ले !

लिए छाँह के साथ अश्रु का कुहक सलोना,
चले बसाने महाशून्य का कोना कोना,
इनकी गति में आज मरण बेसुध बंदी यह,
कौन क्षितिज का पाश इन्हें जो बाँध सहज ले।

पंथ माँगना इन्हें नहीं पाथेय न लेना,
उन्नत मूक असीम, मुखर सीमित तल देना,
बादल-सा उठ इन्हें उतरना है जल-कण-सा
नभ विद्युत् के बाण, सजा शूलों को रज ले !

जाते अक्षरहीन व्यथा की लेकर पाती,
लौटाता है इन्हें स्वर्ग से भू की थाती,
यह संचारी दीप, ओट इनको झंझा दे,

आगे बढ़, ले प्रलय, भेंट तम आज गरज ले !

छायापाथ में अंक बिखर जावें इनके जब,
फूलों में खिल रूप निखर आवें इनके जब,
वर दो तब यह बाँध सकें सीमा से तुमको,
मिलन-विरह के निमिष-गुँथी साँसों की स्रज ले !

विहंगम-मधुर स्वर तेरे

विहंगम-मधुर स्वर तेरे,
मदिर हर तार है मेरा !

रही लय रूप छलकाती
चली सुधि रंग ढुलकाती,
तुझे पथ स्वर्ण रेखा, चित्रमय
संचार है मेरा !

तुझे पा बज उठे कण-कण
मुझे छू लासमय क्षण-क्षण !
किरण तेरा मिलन, झंकार-
सा अभिसार है मेरा !

धरा से व्योम का अंतर,
रहे हम स्पंदनों से भर,
निकट तृण नीड़ तेरा, धूलि का
आगार है मेरा !

न कलरव मूल्य तू लेता,
हृदय साँसें लुटा देता,

सजा तू लहर-सा खग,
दीप-सा शृंगार है मेरा !

चुने तूने विरल तिनके,
गिने मैंने तरल मनके,
तुझे व्यवसाय गति है,
प्राण का व्यापार है मेरा !

गगन का तू अमर किन्नर,
धरा का अजर गायक उर,
मुखर है शून्य तुझसे, लय-भरा
यह क्षार है मेरा !

उड़ा तू छंद बरसाता,
चला मन स्वप्न बिखराता,
अमिट छवि की परिधि तेरी,
अचल रस-पार है मेरा !

बिछी नभ में कथा झीनी,
घुली भू में व्यथा भीनी,
तड़ित उपहार तेरा, बादलों-
सा प्यार है मेरा !

यह मंदिर का दीप

यह मंदिर का दीप इसे नीरव जलने दो !

रजत शंख-घड़ियाल स्वर्ण वंशी-वीणा-स्वर,
गए आरती वेला को शत-शत लय से भर,
जब था कल कंठों का मेला,
विहँसे उपल तिमिर था खेला,
अब मंदिर में इष्ट अकेला,
इसे अजिर का शून्य गलाने को गलने दो !

चरणों से चिह्नित अलिंद की भूमि सुनहली,
प्रणत शिरों के अंक लिए चंदन की दहली,
झरे सुमन बिखरे अक्षत सित,
धूप-अर्घ्य नैवेद्य अपरिमित
तम में सब होंगे अंतर्हित,
सबकी अर्चित कथा इसी लौ में पलने दो !
पल के मनके फेर पुजारी विश्व सो गया,
प्रतिध्वनि का इतिहास प्रस्तरों बीच खो गया
साँसों की समाधि सा जीवन,
मसि-सागर का पंथ गया बन
रुका मुखर कण-कण का स्पंदन,

इस ज्वाला में प्राण-रूप फिर से ढलने दो !

झंझा है दिग्भ्रांत रात की मूर्छा गहरी,
आज पुजारी बने, ज्योति का यह लघु प्रहरी,
जब तक लौटे दिन की हलचल,
तब तक यह जागेगा प्रतिपल,
रेखाओं में भर आभा-जल
दूत साँझ का इसे प्रभाती तक चलने दो !

धूप-सा तन

धूप-सा तन दीप-सी मैं !

उड़ रहा नित एक सौरभ-धूम-लेखा में बिखर तन,
खो रहा निज को अथक आलोक-साँसों में पिघल मन,
अश्रु से गीला सृजन-पल,
औ' विसर्जन पुलक-उज्ज्वल,
आ रही अविराम मिट मिट
स्वजन ओर समीप-सी मैं !

सघन घन का चल तुरंगम चक्र झंझा के बनाए,
रश्मि विद्युत् ले प्रलय-रथ पर भले तुम श्रांत आए,
पंथ में मृदु स्वेद-कण चुन,
छाँह से भर प्राण उन्मन,
तम-जलधि में नेह का मोती
रचूँगी सीप-सी मैं !
धूप-सा तन दीप-सी मैं !

मैं न यह पथ जानती री

मैं न यह पथ जानती री !
धूम हों विद्युत् शिखाएँ,
अश्रु हों गल तारिकाएँ,
छा भले लें आज अग-जग वेदना की घन-घटाएँ !
सिहरता मेरा न लघु उर,
काँपते पग भी न मृदुतर,
सुरभि मैं पथ में सलोने स्वजन की पहचानती री !
ज्वाल के हों सिंधु तरलित,
तुहिन-विजड़ित मेरु शत-शत,
पार कर लूँगी वही पग-चाप यदि कर दे निमंत्रित·
नाप लेगा नभ विहग-मन
बाँध लेगा प्रलय मृदु तन,
किस लिए ये फूल-सोदर शूल आज बखानती री ?
विरह का युग, मिलन का पल,
मधुर जैसे दो पलक चल,
एकता इनकी तिमिर, दूरी खिलाती रूप-शतदल !
बढ़ रहे मिलने नए कण,
अनुगमन करते गए क्षण,
अलि विरह के पंथ में मैं तो न इति-अथ मानती री !

मोम-सा तन

मोम-सा तन घुल चुका अब दीप-सा मन जल चुका है !

विरह के रंगीन क्षण ले,
अश्रु के कुछ शेष कण ले;
वरुनियों में उलझ बिखरे स्वप्न के सूखे सुमन ले,

खोजने फिर शिथिल पग,
निश्वास-दूत निकल चुका है !
चल पलक हैं निर्निमेषी,
कल्प पल सब तिमिरवेषी,
आज स्पंदन भी हुई उर के लिए अज्ञातदेशी !

चेतना का स्वर्ण, जलती
वेदना में गल चुका है !
झर चुके तारक-कुसुम जब,
रश्मियों के रजत-पल्लव,
संधि में आलोक-तम की क्या नहीं नभ जानता तब,

पार से अज्ञात वासंती

दिवस-रथ चल चुका है।
खोल कर जो दीप के दृग,
कह गया 'तम में बढ़ा पग'
देख श्रम-धूमिल उसे करते निशा की साँस जगमग,

क्या न आ कहता वही,
'सो, याम अंतिम ढल चुका है' !
अंतहीन विभावरी है,
पास अंगारक-तरी है,
तिमिर की तटिनी क्षितिज की कूलरेख डुबा भरी है !

शिथिल कर से सुभग
सुधिपतवार आज बिछल चुका है !
अब कहो संदेश है क्या ?
और ज्वाल विशेष है क्या ?
अग्नि-पथ के पार चंदन-चाँदनी का देश है क्या ?
एक इंगित के लिए
शत बार प्राण मचल चुका है !

मेरे विरह के कल्प

निमिष से मेरे विरह के कल्प बीते !
पंथ को निर्वाण माना,
शूल को वरदान जाना,
जानते यह चरण कण कण
छू मिलन-उत्सव मनाना !
प्यास ही से भर लिए अभिसार रीते !
ओस से ढुल कल्प बीते !

नीरदों में मंद्र गति-स्वन,
वात में उर का प्रकंपन,
विद्यु में पाया तुम्हारा
अश्रु से उजला निमंत्रण !
छाँह तेरी जान तम को श्वास पीते !
फूल से खिल कल्प बीते !

माँग नींद अनंत का वर,
कर तुम्हारे स्वप्न को चिर,
पुलक औ' सुधि के पुलिन से
बाँध दुख का अगम सागर,
प्राण तुमसे हार कर प्रति बार जीते !
दीप से घुल कल्प बीते।

सब आँखों के आँसू...

सब आँखों के आँसू उजले सबके सपनों में सत्य पला !

जिसने उसको ज्वाला सौंपी
उसने इसमें मकरंद भरा,
आलोक लुटाता वह घुल-घुल
देता झर यह सौरभ बिखरा !
दोनों संगी पथ एक किंतु कब दीप खिला कब फूल जला ?

वह अचल धरा को भेंट रहा
शत-शत निर्झर में हो चंचल,
चिर परिधि बना भू को घेरे
इसका नित उर्म्मिल करुणा-जल !
कब सागर उर पाषाण हुआ, कब गिरि ने निर्मम तन बदला ?

नभ-तारक-सा खंडित पुलकित
यह सुर-धारा को चूम रहा,
वह अंगारों का मधु-रस पी
केशर-किरणों-सा झूम रहा !
अनमोल बना रहने को कब टूटा कंचन हीरक पिघला !

नीलम मरकत के संपुट दा
जिनमें बनता जीवन-मोती,
इसमें ढलते सब रंग-रूप,
उसकी आभा स्पंदन होती !
जो नभ में विद्युत मेघ बना वह रज में अंकुर हो निकला !

संसृति के प्रति पग में मेरी
साँसों का नव अंकन चुन लो,
मेरे बनने-मिटने में नित
अपनी साधों के क्षण गिन लो !
जलते खिलते बढ़ते जग में घुलमिल एकाकी प्राण चला !
सपने सपने में सत्य ढला !

मैं क्यों पूछूँ...

मैं क्यों पूछूँ यह विरह-निशा,
कितनी बीती क्या शेष रही ?

उर का दीपक चिर, स्नेह अतल,
सुधि-लौ शत झंझा में निश्चल,
सुख से भीनी दुख से गीली
वर्ती सी साँस अशेष रही !

निश्वासहीन-सा जग सोता,
शृंगार-शून्य अंबर रोता,
तब मेरी उजली मूक व्यथा,
किरणों के खोले केश रही !

विद्युत् घन में बुझने आती,
ज्वाला सागर में घुल जाती,
मैं अपने आँसू में बुझ धुल,
देती आलोक विशेष रही !

जो ज्वारों में पल कर न बहें
अंगार चुगें जलजात रहें,

मैं गत-आगत के चिर संगी
सपनों का कर उन्मेष रही !

उनके स्वर से अंतर भरने,
उस गति को निज गाथा करने,
उनके पद चिह्न बसाने को,
मैं रचती नित परदेश रही !

क्षण गूँजे औ' यह कण गावें,
जब वे इस पथ उन्मन आवें,
उनके हित मिट-मिट कर लिखती
मैं एक अमिट संदेश रही !

मैं पलकों में...

मैं पलकों में पाल रही हूँ यह सपना सुकुमार किसी का !

जाने क्यों कहता है कोई,
मैं तम की उलझन में खोई,
धूममयी वीथी-वीथी में,
लुक-छिप कर विद्युत् सी रोई;
मैं कण-कण में ढाल रही अलि आँसू के मिस प्यार किसी का !

रज में शूलों का मृदु चुंबन,
नभ में मेघों का आमंत्रण,
आज प्रलय का सिंधु कर रहा
मेरी कंपन का अभिनंदन !
लाया झंझा-दूत सुरभिमय साँसों का उपहार किसी का !

पुतली ने आकाश चुराया,
उर ने विद्युत्-लोक छिपाया,
अंगराग सी है अंगों में
सीमाहीन उसी की छाया !
अपने तन पर भाता है अलि जाने क्यों श्रृंगार किसी का !

मैं कैसे उलझूँ इति-अथ में,
गति मेरी संसृति है पथ में,
बनता है इतिहास मिलन का
प्यास भरे अभिसार अकथ में !
मेरे प्रति पग पर बसता जाता सूना संसार किसी का !

पथ मेरा निर्वाण बन गया

पथ मेरा निर्वाण बन गया !
प्रति पग शत वरदान बन गया !

आज थके चरणों ने सूने तम में विद्युत्-लोक बसाया,
बरसाती है रेणु चाँदनी की यह मेरी धूमिल छाया,
प्रलय-मेघ भी गले मोतियों का हिम-तरल उफान बन गया !

अंजन-वदना चकित दिशाओं ने चित्रित अवगुंठन डाले,
रजनी ने मरकत-वीणा पर हँस किरणों के तार सँभाले,
मेरे स्पंदन से झंझा का हर-हर लय-संधान बन गया !

पारद-सी गल हुईं शिलाएँ दुर्गम नभ चंदन-आँगन-सा,
अंगराग घनसार बनी रज, आतम सौरभ-आलेपन-सा,
शूलों का विष मृदु कलियों के नव मधुपर्क समान बन गया !

मिट-मिटकर हर साँस लिख रही शत-शत मिलन-विरह का लेखा,
निज को खोकर निमिष आँकते अनदेखे चरणों की रेखा !
पल भर का वह स्वप्न तुम्हारी युग-युग की पहचान बन गया !

देते हो तुम फेर हास मेरा निज करुणा-जलकणमय कर,
लौटाते हो अश्रु मुझे तुम अपनी स्मित के रंगों से भर,

आज मरण का दूत तुम्हें छू
मेरा पाहुन प्राण बन गया !

❑❑❑